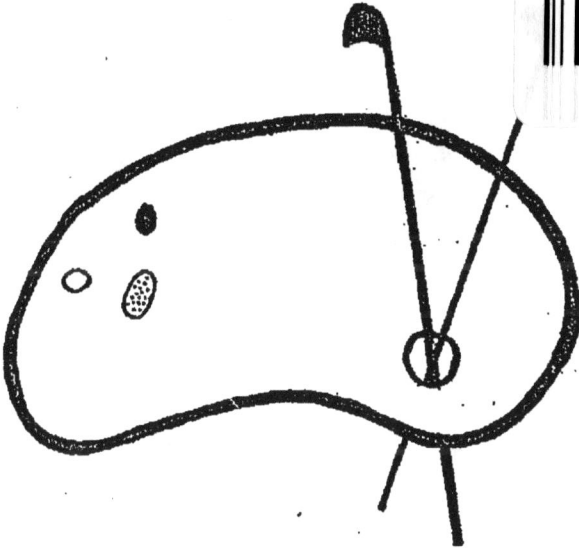

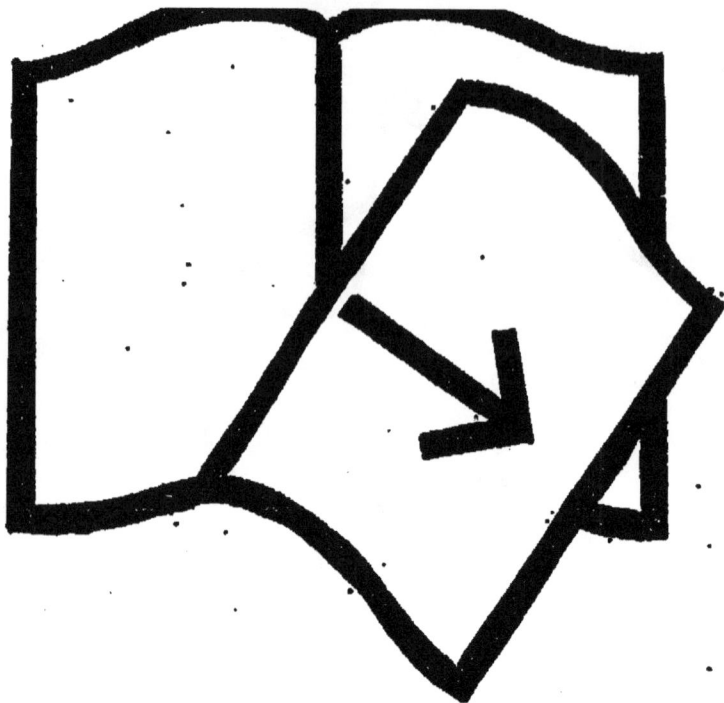

Couverture inférieure manquante

SCIENCE ET RELIGION
Études pour le temps présent

LA
SORCELLERIE

PAR

I. BERTRAND

PARIS
LIBRAIRIE BLOUD ET BARRAL
4, RUE MADAME ET RUE DE RENNES, 59
1899

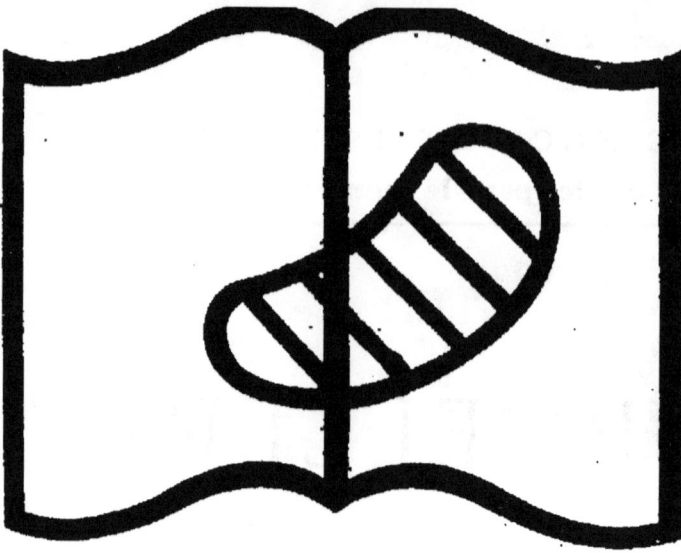

Illisibilité partielle

SCIENCE ET RELIGION

Études pour le temps présent. — Prix : 0 r. 60 le vol.

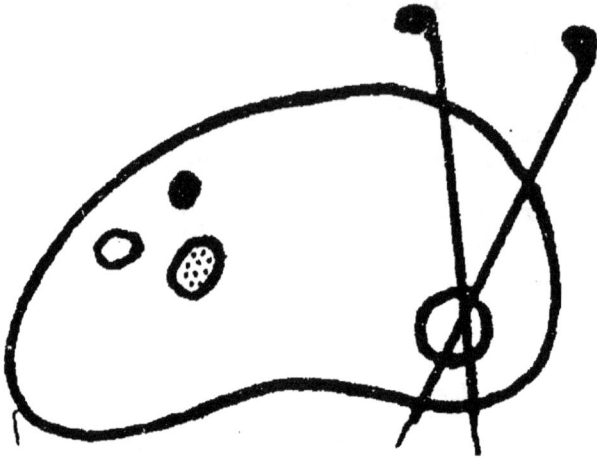

Fin d'une série de documents
en couleur

(TYPOGRAPHIE)

LA SORCELLERIE

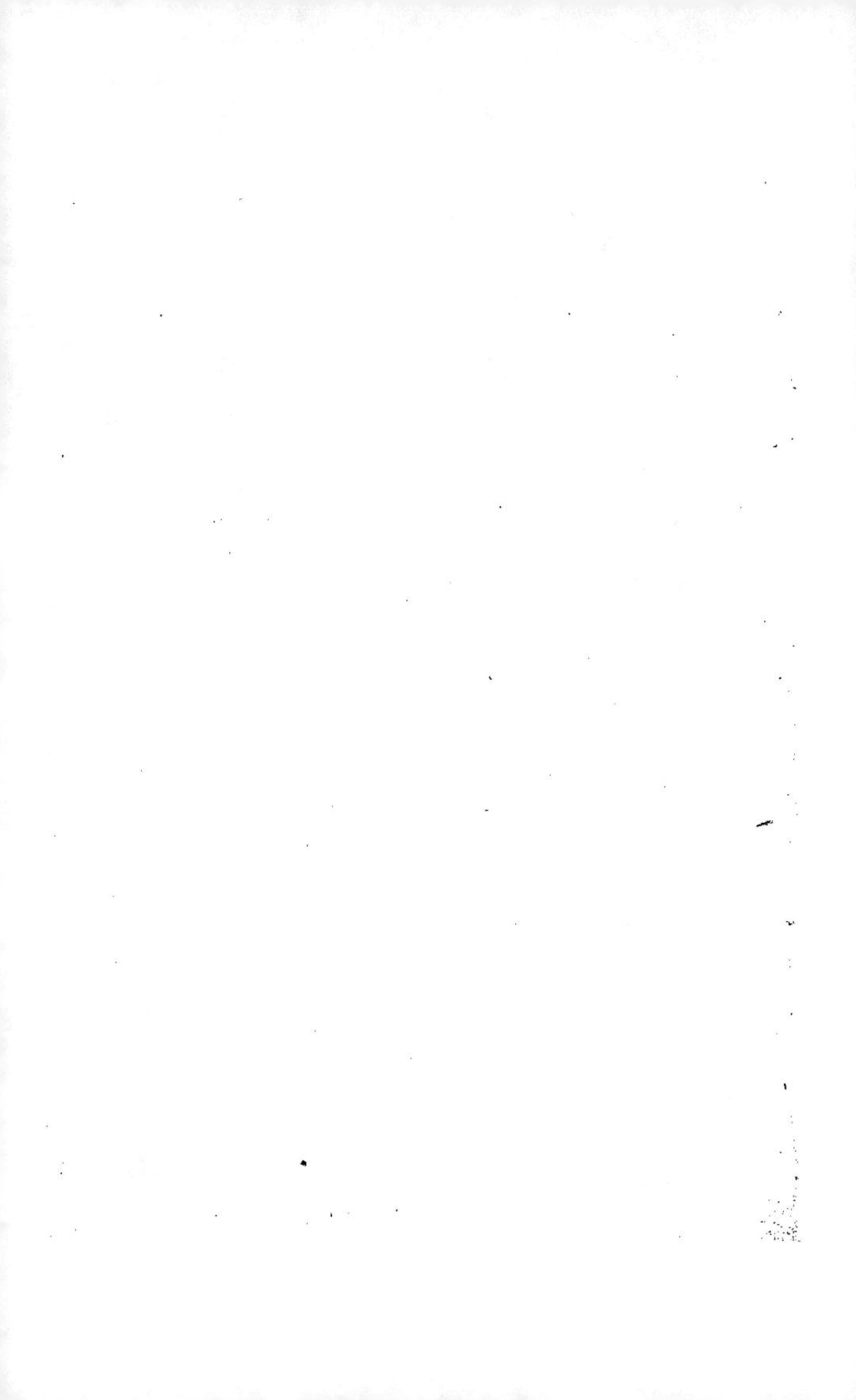

SCIENCE ET RELIGION
Études pour le temps présent

LA
SORCELLERIE

PAR

I. BERTRAND

PRO DEO ET PATRIA

PARIS
LIBRAIRIE BLOUD ET BARRAL
4, RUE MADAME ET RUE DE RENNES, 59
1899

La Sorcellerie

I

QU'EST-CE QUE LA SORCELLERIE ?

Accord des auteurs anciens et modernes.

Qu'est-ce que la sorcellerie ?

Ce mot n'a pas toujours le même sens. Les uns appellent sorciers ceux qui font profession de connaître l'avenir, ou de découvrir soit les auteurs d'un vol, soit les trésors cachés.

Les autres désignent sous ce nom ceux qui opèrent des choses extrâ-naturelles, dans le but de causer du mal aux hommes et aux animaux, en prononçant des formules mystérieuses, ou en se livrant à des pratiques bizarres.

Sorcellerie, magie noire, sortilège, maléfices, sont autant de synonymes que l'on emploie indiféremment pour désigner une seule et même chose.

Les Néo-platoniciens opéraient des prodiges avec le concours des génies ou dieux subalternes. Por-

phyre, Maxime, Jamblique, Julien l'apostat, etc.,
étaient les chefs les plus en vue de cette secte, dont
les doctrines, qu'il ne faut pas confondre avec la
goétie ou évocation des morts, constituent ce qu'on
appelle la théurgie.

Le but avoué de ces philosophes était d'entraver
les progrès du christianisme, en opposant aux mi-
racles du Christ et de ses disciples les prestiges re-
nouvelés des magiciens de Pharaon, qu'ils appor-
taient à l'appui de leur système philosophico-reli-
gieux.

Il ne sera question, dans cette étude, que de la
magie noire ou sorcellerie proprement dite.

Nous nous demanderons d'abord si, comme
l'ont prétendu quelques écrivains catholiques, trop
enclins à faire des concessions aux ennemis de
l'Eglise, les sorciers sont un mythe.

Les auteurs dont nous parlons se seraient moins
hâtés, croyons-nous, de trancher la question, s'ils
avaient commencé par l'étudier.

Nous admettons comme vrai, disent-ils, ce que
la Bible nous raconte de la pythonisse d'Endor, des
maris de Sara, etc., et ce que nous lisons dans
l'Evangile au sujet des possédés. Mais de là à con-
clure qu'un pacte entre l'homme et le démon est
chose possible il y a loin et très loin. — Est-ce que
Jésus-Christ n'a pas détruit, en venant parmi nous,
l'empire de Satan ?

L'argument ne tient pas debout.

En s'incarnant et en mourant pour nous, le Sauveur nous a rendu les droits que la chute origi-

nelle nous avait fait perdre, mais sans porter atteinte à notre libre arbitre. L'Esprit du mal conserve le pouvoir de nous tenter, et nous conservons, nous, le triste privilège de céder à ses suggestions et de méconnaître l'autorité divine.

Au scepticisme de ceux qui s'obstinent à considérer la sorcellerie non comme une réalité objective, mais comme le produit de l'imagination nous pouvons opposer des autorités devant lesquelles les esprits forts eux-mêmes ont coutume de s'incliner.

« Qu'il y ait dans le monde, nous dit Bossuet, un
« certain nombre d'esprits malfaisants que nous ap-
« pelons démons, outre le témoignage éclatant des
« Ecritures, c'est une chose qui a été reconnue par
« le consentement commun de toutes les nations et
« de tous les peuples. Ce qui les a portés à cette
« créance, ce sont ces effets extraordinaires et pro-
« digieux qui ne pourraient être rapportés qu'à
« quelque mauvais principe et à quelque secrète
« vertu, dont l'opération fut maligne et pernicieuse.
« Et cela se confirme encore par *cette noire science*
« *de la magie, à laquelle plusieurs personnes trop*
« *curieuses sont adonnées dans toutes les parties de*
« *la terre* (1). »

Tertullien et Origène n'étaient ni des ignorants ni des esprits faibles.

Or, voici ce que dit le premier en parlant des démons :

« La subtilité de ces esprits leur donne une mer-

_____

(1) BOSSUET. — *Premier sermon sur les démons.*

« veilleuse aptitude à pénétrer la double substance
« de l'homme. Le corps et l'âme, les fruits, les
« moissons, l'air que nos poumons respirent, peu-
« vent être atteints et viciés par leur sinistre in-
« fluence et leur contact impur. *Et lorsque les ma-*
« *giciens évoquent les morts, lorsqu'ils suscitent des*
« *fantômes, c'est à l'aide, c'est avec le secours des*
« *démons* (1). »

« Les magiciens qui ont commerce avec les Es-
« prits, écrit de son côté Origène, et qui les évo-
« quent selon les règles de l'art magique, afin de
« les asservir à leurs volontés, voient leurs vœux
« s'accomplir, mais pourvu que le nom, la puis-
« sance de Dieu, une force supérieure aux démons
« n'y cause aucun obstacle (2). »

Plus loin, le même Père dit encore que lorsque
les démons se font les collaborateurs des magiciens, c'est par le fait de leur puissance que sévit
la famine, que règnent les chaleurs mortelles, que
les arbres et la vigne sont frappés de stérilité, et
que survient cette corruption pestilentielle de l'air
qui détruit les fruits de la terre et frappe de mort
les hommes et les animaux (3).

Les auteurs profanes ne tiennent pas un autre
langage.

« Un des plus grands maux que commettent les
« démons malfaisants, dit Porphyre, c'est que,

---

(1) *Apologétique.*
(2) *Origène contre Celse*, liv. Ier.
(3) *Ibid.*, liv. VIII.

« étant les auteurs de toutes les calamités qui déso-
« lent le monde : des pestes, des disettes, des trem-
« blements de terre, des sécheresses, des incendies
« et de tant d'autres fléaux, ils en rejettent l'odieux
« sur ceux dont les œuvres sont le contraire des
« leurs... C'est par l'entremise de ces mauvais dé-
« mons que *s'accomplissent les sortilèges.* La magie
« n'est autre chose qu'un effet de leurs opérations,
« et les hommes qui nuisent à leurs semblables par
« des enchantements rendent de grands honneurs
« aux mauvais démons, mais surtout à leur
« chef (1). »

Jamblique s'exprime dans des termes à peu près
semblables.

Passons maintenant aux chefs de la magie con-
temporaine :

« Me voilà en chemin, écrit le baron du Potet,
« et, je puis le dire, en plein merveilleux. Je vais
« heurter toutes les idées, faire rire nos illustres sa-
« vants ; car je suis convaincu que des agents d'une
« grande puissance existent en dehors de nous,
« qu'ils peuvent entrer en nous, faire mouvoir nos
« organes et nous opprimer. C'était, au reste, la
« croyance de nos pères et de toute l'antiquité.
« Toutes les religions admettent la réalité des
« agents spirituels (2). »

« Vous doutez de la sorcellerie et de la magie ?
« s'écrie le même auteur. O vérité, ta possession
« est un fardeau. »

---

(1) PORPHYRE. — *Des espèces de démons bons et mauvais.*
(2) DU POTET. — *Journal du magnétisme*, n° 117, ann. 1853.

Plus loin, dans le même n° du *Journal du magné-tisme*, du Potet dit encore :

« Me souvenant des innombrables phénomènes
« que j'ai produits à la vue de milliers d'êtres ;
« voyant l'indifférence bestiale de la science offi-
« cielle en présence d'une découverte qui trans-
« porte l'esprit dans la région de l'inconnu, vieux
« au moment où il faudrait naître... je ne sais s'il
« n'eût pas mieux valu pour moi partager l'erreur
« commune. »

« Oui, écrit de son côté Eliphas Lévi, dont per-
« sonne ne s'est encore avisé de nier l'autorité dans
« ces sortes de matières, il a existé, il existe encore
« une magie puissante et réelle ; oui, tout ce que
« les légendes ont dit était vrai. Ici, seulement, et
« contrairement à ce qui se passe d'ordinaire, les
« exagérations populaires n'étaient pas seulement
« à côté, mais au-dessous de la vérité...

« Le diable se donne au magicien et le sorcier se
« donne au diable (1). »

Nous pourrions multiplier les citations, mais
passons aux faits.

---

(1) ELIPHAS LÉVY. — *Dogme et rituel de la magie.*

II

DÉMONSTRATION PAR LES FAITS

Nous lisons dans une lettre circulaire que Mgr Bouvier, ancien évêque du Mans, adressait à son clergé en 1854 :

« Toute espèce de superstition est connue à
« Siam, écrivait M. Brugère en 1829 : les sortilèges,
« les enchantements, les maléfices, les philtres, les
« évocations des morts, en un mot, tous les affreux
« secrets de la magie noire ! Et tout cela se fait avec
« le secours de ces démons qu'ils appellent des
« *Phi*... Ces opérations produisent des effets si
« extraordinaires, qu'il est impossible de les expli-
« quer naturellement. Les apparitions du démon
« ont lieu si fréquemment, et d'une manière si pu-
« blique, qu'il y aurait de la mauvaise foi si l'on
« s'obstinait à les nier ! Il faudrait pour cela accu-
« ser d'imposture MM. les vicaires apostoliques et
« les missionnaires, qui témoignent non seulement
« avoir vu, de leurs propres yeux, les opérations du

« démon, mais encore de les avoir examinées avec
« toute l'attention dont un homme instruit et pru-
« dent est capable. »

M. Huc a constaté des faits du même genre en
Tartarie et au Thibet.

Passons en Amérique et relatons ce que M. l'abbé
Bonduel, missionnaire chez les Peaux-Rouges,
nous dit des peuplades au milieu desquelles il a
passé de longues années.

« Infatigable et naïf soldat du Christ, écrit
« M. Gougenot des Mousseaux, M. l'abbé Bon-
« duel eut l'heureuse idée de songer aux intérêts
« de la science, et de rapporter, de sa mission, toute
« une cargaison d'objets intéressants et rares, colli-
« gés par ses soins chez les sauvages ; nous avons
« peine à nous lasser de cette vue. »

Parmi ces objets, il en est qui servent au culte
de ces tribus et d'autres qui touchent directement
à la magie.

Le miroir magique est du nombre de ces derniers, et rappelle par son usage, fait observer
l'auteur que nous citons, les idées et les coutumes
des peuples de l'Asie et de l'Egypte qui étaient,
comme on le sait, adonnés aux sciences occultes
et aux pratiques de la magie noire.

C'est sur ce terrain que MM. de Mirville et Gougenot des Mousseaux désirent suivre le pieux
missionnaire. Voici quelques-uns des détails qu'il
leur donne, détails qu'il a observés et contrôlés
avec une attention méticuleuse :

« Dans chaque tribu, leur dit-il, le chef de la

« magie porte le nom de mauvais médecin ou de
« fabricateur de poisons ; il opère sous l'inspira-
« tion des mauvais manitous, c'est-à-dire des mau-
« vais esprits ; et, tandis que le bon médecin traite
« les maux à l'aide de ses ressources botaniques et
« se contente d'user de la vertu des simples, le
« mauvais médecin compose des poudres, des
« philtres et des mélanges magiques. C'est dans
« les dépouilles des animaux les plus féroces, telles
« que les peaux de chats sauvages et d'ours gris,
« ajoute le missionnaire en les plaçant entre nos
« mains, que le magicien renferme ses poisons,
« c'est-à-dire les ingrédients qui lui servent de
« charmes. Et, veut-il pratiquer ses maléfices, vous
« le voyez aussitôt se coiffer et s'affubler de quel-
« ques-unes de ces peaux, qui sont comme le vê-
« tement sacré, comme les insignes terrifiques de
« son sacerdoce. Le mauvais médecin est un
« homme dont la personne inspire un mélange de
« terreur et de mépris ; cependant, comme, de
« temps à autre, il donne des signes indubitables
« d'une puissance étrangère à notre nature, on a
« recours à son savoir faire en cas d'urgence. Les
« Indiens observent, d'ailleurs, que la mort de ces
« hommes est presque toujours violente et malheu-
« reuse ; telle fut, par exemple, celle du magicien
« dont vous maniez les ustensiles.

« Le tambour ou le tonneau magique sur lequel
« vous vous amusez à frapper, nous dit le civilisa-
« teur des Mennomonis, est l'instrument d'appel
« du magicien, et l'effet en est devenu familier.

« Aussitôt que cet homme projette une invocation
« à son mauvais manitou, soyez sûr qu'il va ga-
« gner sa tente et s'y renfermer ; puis, il se met à
« psalmodier un chant monotone et répète à sa-
« tiété ses formules, telles que celle-ci, par
« exemple... Le missionnaire qui la fredonne re-
« porte notre pensée sur le véritable *carmen*, c'est-
« à-dire sur le charme antique.

« Lorsque l'opération devait réussir, nous dit le
« R. P. Bonduel, j'entendais auprès de moi comme
« la chute d'un corps lourd, et semblable à celle
« d'un énorme paquet... ; j'entendais aussi comme
« le bruit d'une voix tremblante et inarticulée, et
« ce n'était point de la ventriloquie, je vous assure!...
« Je voyais enfin la lourde tente du sauvage, haute
« de plus de quinze pieds, se soulever, se pencher
« tantôt d'un côté, tantôt de l'autre, et sembler
« quelquefois au moment de se renverser, à la
« façon de vos tables parlantes. C'est le moment
« où s'accomplissaient de mystérieux entretiens
« entre le mauvais médecin et le démon, visible-
« ment docile à son appel !...

« Les deux petites statuettes ou poupées de bois
« que vous maniez, ajoute le bon missionnaire
« dont nous remuons tout le musée, sont ce qu'ils
« nomment le charme amoureux ; et je fus, à plu-
« sieurs reprises, témoin de ses effrayants effets. Ces
« statuettes — d'environ deux pouces de longueur —
« représentent l'homme et la femme ; vous les voyez
« attachées l'une à l'autre par des ligatures et ados-
« sées à un petit sachet d'étoffe bourré d'ingrédients.

« Lorsque le mauvais médecin usait de ce charme
« pour inspirer des sentiments à quelque indienne
« et surmonter des antipathies bien connues, on
« voyait..., j'ai vu ces femmes, saisies de fureur
« érotique, partir comme un trait, suivre et pour-
« suivre des hommes dans les forêts pendant des
« jours entiers... Et ce n'est point sur un fait isolé
« que je me prononce ; car j'eus à déplorer plus
« d'une fois les exemples de ce genre odieux de
« possession.

Comme on le voit, par le récit du R. P. Bonduel,
les pratiques de la sorcellerie ont toujours été et
sont partout les mêmes.

« Mais voici, poursuit le missionnaire, ce qui
« m'a le plus vivement frappé. La tribu, vers la
« fin des hivers, arrivait quelquefois sur le bord
« d'un fleuve que soudait encore à ses rives une
« couche de glace de six à huit pieds d'épaisseur.
« Au signal donné pour le départ, on avait compté
« sur un dégel antérieur, et la surprise était pé-
« nible ; la solidification des eaux ôtant au fleuve
« sa grande propriété commerciale, il n'était plus
« une route qui marche et qui transporte les far-
« deaux. Cependant, les convenances du pauvre
« commerce de pelleteries des Indiens exigent que
« l'on puisse charger sur le fleuve liquide des
« marchandises laborieusement apportées à dos et
« provenant d'énormes distances. Moment critique
« pour nos malheureux sauvages, et jour de
« triomphe pour le mauvais médecin. Car la tribu
« désolée et ballottée entre ses bons instincts et le

« cri de ses besoins, se laissait aisément pousser
« hors des voies de la conscience par le démon,
« dont l'art est de mettre à profit ces tristes ren-
« contres. On se tournait alors vers le magicien :
« Allons, alerte ! à l'œuvre ! et fais venir ton ma-
« nitou ». L'homme dans le cœur duquel il fait
« nuit, selon la locution indienne, invoquait aus-
« sitôt son manitou.

« Instantanément, s'il était exaucé, vous eussiez
« vu l'ouragan accourir comme du fond des airs,
« siffler et mugir, la glace se briser, flotter au gré
« du courant, disparaître et permettre à l'eau de
« marcher, entraînant les barques dans son cours. »

Des faits non moins étonnants ont été signalés
au Mexique.

Disons seulement un mot du Nagualisme, ou
société magique connue sous ce nom dans cette
partie du nouveau monde.

Les membres de la secte se laissèrent baptiser,
au début de la conquête espagnole, mais sans,
pour cela, renoncer à leurs pratiques.

On appelait nagual le génie ou démon qui
présidait, suivant les initiés, à la naissance de
l'enfant.

Les nagualistes, nous disent les missionnaires,
et, après eux, l'abbé Brasseur, qui a publié sur le
Mexique des travaux très remarquables, se ren-
daient auprès des indigènes convertis au christianisme et les poussaient à apostasier secrètement.
Ceux qui se laissaient convaincre devaient com-
mencer par maudire le Christ, la Sainte-Vierge et

les saints. Cela fait, le magicien ou sorcier leur lavait la tête et les parties du corps qui avaient reçu le contact des saintes huiles.

Pour les enfants, la cérémonie magique précédait le baptême et en paralysait d'avance les effets, dans la pensée du nagualiste. Elle consistait, pour ce dernier, à tirer du sang de la langue ou de l'oreille du nouveau-né, et à l'offrir au démon sous le patronage duquel il venait de le placer.

Parvenu à l'âge adulte, l'enfant était tenu de ratifier l'engagement pris en son nom. Le nagualiste le préparait à ce grand acte, le catéchisait et lui faisait entendre que le nagual qui lui avait donné la vie continuerait à le protéger, sous la forme d'un animal, nos yeux mortels n'ayant la faculté de voir les esprits que revêtus d'un corps matériel.

L'adolescent donnait son adhésion avec l'assentiment des membres de sa famille.

L'initiateur le conduisait alors dans un lieu solitaire et offrait un sacrifice au génie, qui se montrait au catéchumène sous l'aspect de l'animal — lion, tigre, crocodile ou serpent — dont il devait porter le nom nagualique. Les liens qui les unissaient l'un à l'autre étaient si étroits, que le protégé ressentait le contre-coup des blessures reçues par l'animal dont le nagual avait pris la forme.

Voici le fait que raconte à ce sujet le R. P. Burgoa :

Le P. Diégo était un religieux de grand courage, et que nul danger n'intimidait. Un jour, il

2

lui arriva de punir avec sévérité un indien qui s'était rendu coupable d'une faute très grave. Le délinquant en éprouva une irritation des plus vives. Résolu de se venger, il se posta sur les bords d'une rivière que le religieux devait traverser pour aller confesser un moribond. Le P. Diégo cheminait tranquillement sur sa monture, occupé à réciter son office, lorsque à peine entré dans l'eau, le cheval se sentit arrêté. Le religieux, baissant la tête, aperçu un caïman qui s'efforçait d'entraîner l'animal dans l'eau. A cette vue, donnant des rênes, et invoquant le secours divin, il lança son cheval avec tant de vigueur qu'il traîna hors de la rivière le caïman, que les ruades de la monture et une grêle de coups de bâton ferré appliqués sur sa tête contraignirent de lâcher prise. Le religieux continua sa route, le laissant étourdi sur le rivage; et son premier mouvement, lorsqu'il débotta, ce fut de raconter ce périlleux incident.

Or, il achevait à peine de confesser son malade, qu'un messager passait, annonçant la mort de l'Indien qu'il avait puni quelques jours auparavant; le malheureux avait succombé sous les ruades du cheval que montait le P. Diégo. En effet, le religieux s'empressant d'aller aux informations, on trouva le caïman étendu sur le rivage, et l'Indien portait les traces mêmes des coups de pied dont avait péri le caïman, c'est-à-dire son nagual (1).

---

(1) Ce récit du P. Burgoa a été reproduit par M. l'abbé Brasseur, et, après lui, par M. Gougenot-des-Mousseaux, dans *Les hauts phénomènes de la Magie.*

Ce qui frappe dans le fait qu'on vient de lire c'est le phénomène de la répercussion.

Il y a là un problème dont on a vainement cherché la solution.

Nous passerons en revue les explications plus ou moins admissibles qu'on en a données. Mais, avant d'aborder cette partie de notre sujet, nous croyons utile de rapporter certains faits absolument authentiques, ne voulant pas qu'on puisse nous accuser d'appuyer nos raisonnements sur de simples hypothèses.

En 1849, la paroisse de Cideville (Seine-Inférieure), fut mise en émoi par les vexations vraiment inouïes dont le curé fut la victime.

Cet ecclésiastique avait deux élèves qui se destinaient au Sacerdoce.

Un jour, à une vente publique, un berger nommé Thorel, s'approcha du plus jeune de ces enfants et le toucha.

Le petit garçon est à peine rentré qu'un ouragan furieux s'abat sur le presbytère. La bourrasque passée des coups de marteau d'une extrême violence se font entendre de tous côtés. Les plafonds, les planchers, les murs eux-mêmes en sont ébranlés.

Ces bruits sont tels, qu'on les perçoit à une distance de deux kilomètrs. Les habitants du village accourent en foule pour voir ce qui se passe. On se livre aux investigations les plus minutieuses, on visite la maison de la cave au grenier sans le moindre résultat.

Puis, on constate qu'une intelligence préside à
ce charivari. L'agent mystérieux exécute, comme
l'eût fait un chef d'orchestre, battant la mesure
sur un meuble, les airs qu'on lui désigne. Rom-
pant ensuite avec les rithmes cadencés, il met en
mouvement le mobilier de la cure. Les fauteuils,
les chaises et les tables s'agitent violemment et
finissent par former une sorte de barricade. Les
chiens sont lancés au plafond, les pincettes se pro-
mènent sur le parquet, les livres, les brosses, les
couteaux sortent par une fenêtre et rentrent par
une autre. Les fers à repasser s'éloignent de la
cheminée et le feu les poursuit ; les marteaux vol-
tigent dans tous les sens à la façon d'un oiseau
échappé de sa cage. Les ustensiles d'une toilette
quittent l'étagère qu'ils occupent et viennent s'y
replacer d'eux-mêmes. Des pupitres très lourds
s'entrechoquent et se brisent. L'un d'eux se préci-
pite chargé de livres sur un des assistants et, ar-
rivé près de lui, retombe perpendiculairement à
ses pieds.

Une dame qui habite dans les environs de Cideville et qui a été maintes fois témoin des faits
que nous venons de relater se sent tirée par la
pointe de sa mante sans qu'elle puisse voir la
main du mystificateur. Le maire est traité avec
plus de sans façon encore. L'agent invisible lui
applique sur la cuisse un coup si violent, qu'il
pousse malgré lui un cri de douleur.

« Un autre témoin, propriétaire à quatorze lieues
de distance du théâtre des événements, se trans-

porte à Cideville, à l'improviste et sans en avoir prévenu qui que ce soit ; après une nuit passée dans la chambre des enfants, il interroge le bruit mystérieux, le fait battre à tous les coins de l'appartement et pose avec lui toutes les conditions d'un dialogue ; un coup, par exemple, voudra dire oui, deux coups, voudront dire non ; puis, le nombre des coups signifiera le nombre de lettres, etc., etc. Cela bien convenu, le témoin se fait frapper toutes celles qui composent ses nom, prénoms et ceux de ses enfants, son âge et le leur, par an, mois, jours, le nom de sa commune, etc. Tout cela se frappe avec tant de justesse et de rapidité, que le témoin se voit obligé lui-même de conjurer l'agent mystérieux d'y apporter plus de lenteur, afin qu'il puisse vérifier tous ses dires, qui se trouvent enfin de la plus complète exactitude. Ce témoin, écrit M. de Mirville, c'était nous-même (1). »

Les beaux esprits qui ont la prétention de tout savoir et de tout expliquer ne manqueront pas de nous dire que le visiteur inspirait lui-même à ce qu'il appelle un agent mystérieux les ripostes qu'il en recevait. Comment l'eût-il fait, puisqu'il ne pouvait en constater l'exactitude qu'après y avoir réfléchi ?

Un vicaire de Saint-Roch, de passage à Yvetot et absolument inconnu dans le pays, se rend à son

____

(1) DE MIRVILLE. — *Pneumatologie des Esprits et de leurs manifestations fluidiques.*

tour à Cideville et interroge l'invisible qui répond à toutes ses questions. Or, le questionneur est obligé, de retour à Paris, de consulter les registres de l'état civil pour savoir que son interlocuteur a dit vrai.

Le plus jeune des deux enfants qui habitent le presbytère a surtout à souffrir des obsessions du mystérieux visiteur. Tantôt il se plaint qu'un poids énorme pèse sur ses épaules, tantôt que sa poitrine est violemment comprimée. Il dit, à diverses reprises, qu'il voit constamment derrière lui l'ombre d'un homme en blouse dont la figure lui est inconnue. De son côté, un des ecclésiastiques présents au presbytère aperçoit une colonne grisâtre qui se déplace, serpente, et s'échappe en sifflant par les fentes de la porte ou le trou de la serrure pour se soustraire aux poursuites des assistants.

Cette persécution eut pour résultat de jeter l'enfant dans des crises nerveuses qui ne tardèrent pas à devenir inquiétantes.

Un jour, il voit une main noire descendre par la cheminée. A peine a-t-il signalé sa présence, qu'il reçoit un soufflet dont tout le monde entend le bruit. La joue reste longtemps rouge, tant le coup a été violent.

Quelques jours après, plusieurs ecclésiastiques se réunissent au presbytère et prient pour obtenir de Dieu la cessation du fléau. Voyant que la prière était inefficace, l'un d'eux propose à ses confrères de s'armer de pointes et de poursuivre l'esprit malfaisant. Cet escrime d'un nouveau genre dure depuis près de vingt minutes sans que l'on ait obtenu le moindre résultat. Mais voilà qu'un coup plus rapidement et plus habilement porté fait jaillir une flamme, tandis qu'une fumée intense remplit la salle. Les combattants sont obligés d'ouvrir la fenêtre pour ne pas être asphyxiés.

Puis, la lutte recommence. Les pointes manœuvrent vigoureusement. Tout à coup un gémissement se fait entendre accompagné du mot *pardon*. — « Pardon, reprennent les pieux duellistes, oui, « certes, nous te pardonnons. Nous ferons mieux, « nous passerons la nuit en prières, afin que Dieu « te pardonne à son tour ; mais à une condition, « c'est que tu viendras, demain, toi-même en per- « sonne, demander pardon à cet enfant... — Nous « pardonnes-tu à tous ?... Vous êtes donc plusieurs? « — Nous sommes cinq, y compris le berger. — « Nous pardonnons à tous. »

Revenons en arrière et rappelons un fait qui précéda ces manifestations, fait insignifiant en apparence, mais d'une importance capitale pour l'intelligence de ce récit.

Un jour du mois de mars 1849, M. le curé de Cideville rencontra chez un de ses paroissiens alors alité un de ces *guérisseurs au secret* auxquels le peuple des campagnes attribue d'ordinaire un pouvoir mystérieux. Le prêtre qui savait qu'un autre malade s'était mal trouvé du traitement que lui avait fait suivre le docteur ès-sorcellerie, renvoya le personnage sans trop de ménagements.

Tout se borna là. Mais le guérisseur, ayant continué son métier dans des conditions malheureuses, se vit appréhendé par dame justice et condamné à deux ans de prison. Supposant que le curé n'était pas étranger à sa mésaventure, il proféra des menaces contre lui.

Plus tard, le berger Thorel, dont nous avons déjà parlé, répétait à qui voulait l'entendre, que le prêtre pourrait bien se repentir de sa conduite, et qu'il serait, lui Thorel, chargé de venger le sorcier son ami.

Cela dit, reprenons le récit des événements là où nous l'avons laissé en ouvrant cette parenthèse.

Le lendemain du soir où l'invisible est blessé, on frappe à la porte du presbytère. Thorel se présente, la tête basse, l'attitude embarrassée. On voit qu'il cherche à dissimuler avec son chapeau un côté de sa figure. Mais il ne parvient pas à cacher entièrement les écorchures saignantes dont son visage est sillonné. En l'apercevant, l'enfant s'écrie : « Voilà l'homme qui me poursuit depuis quinze jours ! »

Laissons de nouveau la parole à M. de Mirville :

« Que voulez-vous, Thorel ? lui dit M. le curé.

— Je viens... Je viens de la part de mon maître chercher le petit orgue que vous avez ici. — Non, Thorel, non, on n'a pas pu vous donner cet ordre là ; encore une fois, ce n'est pas pour cela que vous venez ici ; que voulez-vous ? Mais auparavant, d'où vous viennent ces blessures, qui donc vous les a faites ? — Cela ne vous regarde pas ; je ne veux pas le dire. — Dites donc ce que vous voulez faire ; soyez franc, dites que vous venez demander pardon à cet enfant ; faites-le donc et mettez-vous à genoux. — Eh bien, pardon, dit Thorel, en tombant à genoux. Et tout en demandant pardon, il se traîne et cherche à saisir l'enfant par sa blouse. Il y parvient, et les témoins constatent qu'à partir de ce moment, les souffrances de l'enfant et les bruits mystérieux redoublent au presbytère de Cideville (1) ».

Le curé engage Thorel à se rendre à la mairie. Celui-ci répond à l'invitation, et là, en présence de plusieurs personnes, il tombe de nouveau à genoux et implore son pardon ; mais, comme il l'avait fait à la cure, il se traîne sur le parquet et s'efforce de toucher l'abbé Tinel, qui lui signifie de n'en rien faire, s'il tient à ne pas être frappé. Thorel dédaigne l'avertissement et continue sa manœuvre jusqu'au moment où le curé, acculé dans un coin de la salle, met sa menace à exécution et lui porte trois coups de canne sur les bras.

Quelques jours après, le berger se rend au domicile du maire et prie le magistrat municipal d'intervenir auprès de l'abbé Tinel. « Priez-le, lui dit-il, d'en rester là de l'affaire. »

Dans une autre circonstance, il lui avoue que

---

(1) De Mirville. — *La pneumatologie des Esprits*, etc., p. 346, 347 et suiv.

tout le mal remonte à G... le guérisseur. « A sa
sortie de prison, poursuit-il, il est venu me voir ;
il en veut à M. le curé, parce qu'il l'a empêché de
gagner son pain en le renvoyant de chez un malade de la commune qu'il voulait guérir. M. le
curé a eu tort, car G... est un homme très instruit, très savant, *il peut lutter contre un prêtre.*
M. le curé voudrait bien qu'on l'instruisît, et s'il
voulait payer un café, je le débarrasserais de tout
ce qui se passe au presbytère. »

Si on lui reprochait sa conduite, il répondait :
« Je le veux ainsi, moi, cela me plaît comme cela. »
Quand on lui demandait pourquoi il choisissait
pour victime un pauvre enfant innocent, au lieu
de s'en prendre au curé ; mais parce que, disait-il,
M. le curé a le moyen de vivre avec ces deux enfants. Il faut donc qu'ils partent. Ils partiront et
alors tout sera fini.

L'aveu était formel.

Le passé de Thorel venait d'ailleurs à l'appui de
ses dires et des accusations dont il était l'objet de
la part du curé et de la population.

Un habitant de Cideville déclara devant le juge
de paix que, se promenant un jour avec la sœur
de l'abbé Tinel et les deux enfants, au milieu de
la plaine, des cailloux lancés par une force invisible venaient tomber à leurs pieds sans les toucher.

Un autre affirmait que, se trouvant aux champs
avec Thorel, ce dernier lui disait : « Chaque fois
que je frapperai du poing sur ma cabane, tu tom-

beras. Et je tombais, ajoutait le témoin, en même temps que je sentais quelque chose me serrer la gorge.

Si lorsque les meubles de la cure dansaient une sarabande infernale, les enfants se mettaient à prier, l'auteur insaisissable de ce vacarme proférait des blasphèmes horribles accompagnés de menaces qu'il mettait souvent à exécution. Un jour, entre autres, un des élèves sentit deux mains lui prendre la tête et la retourner avec une telle violence, que les personnes présentes se hâtèrent de lui porter secours.

L'archevêque de Rouen, voulant mettre un terme à cet état de choses, pria le curé de renvoyer les enfants à leurs familles. A partir de ce moment tout rentra dans le calme.

Thorel intenta un procès en diffamation à l'abbé Tinel. L'affaire fut portée devant le juge de paix d'Yvetot.

Les témoins cités à la requête du curé attestèrent sous la foi du serment la réalité des faits que nous venons de raconter et de plusieurs autres non moins étranges. Le berger fut débouté de son action et condamné aux frais.

Répercussion et bilocation.

Aux événements du presbytère de Cideville en 1849, se rattachent deux questions, ou plutôt deux

problèmes dont la solution est encore à trouver.
Nous voulons parler de la *répercussion* et de la
bilocation.

La répercussion a lieu lorsque les blessures
faites au fantôme visible ou non visible d'un vi_
vant se reproduisent sur la personne absente.

Il arrive parfois qu'à la suite d'un coup porté à
l'image, des cris de douleurs se font entendre. Le
sang coule plus ou moins abondamment.

Comment se fait il que nos corps aient à redou-
ter les attaques à main armée dirigées contre leur
fantôme ?

Est-ce que ces ombres, qui échappent à nos
sens, si grande est leur ténuité, auraient une réalité
matérielle ? Devons-nous les considérer comme un
dédoublement de nous-mêmes, comme une sorte
de fluide nervique, de principe vital qui tiendrait
le milieu entre notre âme et notre corps et leur
servirait de trait d'union ?

En admettant qu'il en soit ainsi, le problème ne
serait pas résolu pour cela. On se demanderait
comment il peut se faire que ce double, que cette
image fantasmatique se sépare de nous, opère à
distance, et nous reste, néanmoins, assez intime-
ment uni pour que nous participions aux blessures
qu'il reçoit, et à l'instant même où il les reçoit.

A toutes les époques et chez tous les peuples on
a cru à la terreur que la vue des armes inspire soit
au fantôme des vivants soit à l'âme des morts.

Homère raconte qu'Ulysse étant descendu aux
enfers pour consulter le devin Tirésias, offrit en

sacriîce, à son arrivée dans le royaume de Pluton, une brebis et un bélier noirs. Lorsque, par mes prières et mes vœux, raconte le roi d'Ithaque aux Phéaciens, j'ai imploré l'essaim des morts, les âmes de ceux qui ne sont plus accourent en foule. Jeunes femmes, adolescents pleins de vivacité, vieillards éprouvés par les souffrances, tendres vierges, le cœur gros de peines récentes, guerriers blessés par des javelots d'airain, revêtus d'armes sanglantes, tous s'empressent en grand nombre autour de la fosse avec un frémissement horrible... Cependant, le glaive en main, je ne permets pas aux têtes sans force des morts de s'approcher du sang avant que j'ai interrogé Tirésias.

Enfin l'âme du devin se présente, reconnaît Ulysse et lui dit : « Fils de Laërte, prudent Ulysse, pourquoi donc, quittant la lumière du soleil, viens-tu visiter les morts et leur lamentable sé-jour ? Mais éloigne-toi de la fosse, détourne ton glaive tranchant, laisse-moi boire de ce sang et je dirai des choses véritables. »

Ulysse a vu errer autour de lui l'ombre de sa mère. Apprends-moi, demande-t-il à Tirésias, comment elle pourra me reconnaître.

Ceux des morts, lui répond ce dernier, à qui tu permettras de goûter de ce sang te parleront selon la vérité, ceux que tu repousseras s'éloigneront aussitôt.

De son côté, Virgile nous raconte qu'Enée étant, lui aussi, descendu vivant au royaume des om-bres, la Sybille qui le guide s'écrie : « Vite, l'épée hors du fourreau, et, le fer en main, fraye-toi une route. Pas d'hésitation, repousse avec ton arme les les âmes qui s'approchent pour boire le sang des victimes. »

Cette croyance de l'antiquité payenne à la terreur que les esprits éprouvent à la vue d'une arme qui les menace est arrivée jusqu'à nous à travers les âges.

Après avoir raconté un fait dont la maison de son frère fut le théâtre, Psellus, qui vivait à la cour de Bizance, ajoute :

« Vous me demandez si *les corps des démons* peuvent être frappés ? Oui, sans doute, et tout corps dur qui les atteint les rend sensibles à la douleur. — Mais comment expliquer ce phénomène ? Car les démons sont des esprits, nous dira-t-on ; leur nature n'est ni composée, ni solide, et le sentiment n'appartient qu'à ce qui est composé. — Soit : mais dans les êtres doués de sentiment, ce ne sont point les nerfs eux-mêmes qui possèdent la faculté de sentir, c'est l'esprit qui réside en eux. Or, le corps des démons est naturellement sensible dans son ensemble et dans chacune de ses parties. Sans le secours d'aucun milieu, il voit, il entend, il touche, et, si vous le touchez, il le sent ; si vous le divisez, il éprouve la douleur à la façon des corps solides.

« Une chose pourtant les distingue de ces corps, c'est qu'une fois divisés, ceux-ci ne peuvent se rejoindre, ou ne réussissent que rarement à réunir leurs tronçons, à se rétablir dans leur premier état. Tranchez, au contraire, le corps d'un démon, et vous le voyez aussitôt reprendre et se refaire. Semblable à l'air ou à l'eau que divise un corps solide, et, plus prompte que la parole, la substance des démons se rejoint, mais toute division subie par elle y engendre un sentiment de douleur. Voilà pourquoi les démons redoutent la pointe et le tranchant du fer. Que ceux qui prennent à cœur de mettre en fuite les démons aient donc soin d'avoir sous la main des épées et des armes (1) ».

Cette doctrine, qui fut adoptée par Agrippa, à l'époque de la Renaissance, et, à sa suite, par la plupart des occultistes, le père Thyrée la taxe d'erreur.

Milton la reproduit dans son *Paradis perdu*.

« L'épée de l'archange Michel, dit-il, tourne, flamboie, tombe, et d'un coup de revers entame le côté droit de Satan. Satan, pour la première fois, a su ce que c'est que la douleur. Il se tord, il se roule dans les convulsions, l'épée torturante n'a fait de lui qu'une blessure immense : mais sa substance éthérée se rejoint, car une division de quelque durée répugne à sa nature (1) ».

Bodin, que ses études démonologiques ont presque rendu célèbre, écrit, à son tour : « Les anciens tenaient aussi que les diables craignent fort le tranchant des épées et glaives : Platon

---

(1) PSELLUS. — Chap. dernier, des *Démons*.
(2) *Paradis perdu*, liv. VI.

même et plusieurs académiciens sont de cet avis que les esprits souffrent division (1) ».

Un des pères les plus connus du Concile de Trente, Olaüs Magnus, primat de Scandinavie, rapporte que Régnier, roi de Suède, livra, pendant toute une longue nuit, un combat terrible à une foule d'êtres mystérieux et repoussants dont il eut à subir les attaques.

La lutte finie et le jour venu, des messagers lui apprirent que la terre étaient jonchée de cadavres de l'aspect le plus étrange et couverts de blessures. Or, au nombre de ces morts à figures hideuses qui gisaient en pleine campagne, tandis que Régnier avait combattu dans son palais, se trouvait le corps de Thorilde, sa marâtre qui, depuis longtemps, le poursuivait de sa haine.

Ce fait de répercussion revêt un caractère d'une réelle importance, nous dit M. Gougenot des Mousseaux, étant donnée l'autorité de celui qui nous l'a transmis.

Ouvrons une parenthèse.

La grande majorité des théologiens professe la croyance à *l'entière immatérialité* des esprits. Plusieurs, au nombre desquels figure le cardinal Gousset, semblent ne pas admettre comme possible l'opinion contraire, tout en déclarant qu'elle n'est pas condamnée. Quelques-uns même vont jusqu'à avouer qu'elle aiderait à résoudre bien des difficultés.

(1) BODIN. — *Démon.*

Cette doctrine appliquée à l'âme après la mort, m'écrivait, l'année dernière, un savant théologien, servirait, dans une certaine mesure, à expliquer l'état de l'âme avant la résurrection des corps.

« Si nous parcourons, écrivait M. de Mirville en 1854, dans un ouvrage qui a été honoré de hautes approbations, et, entre autres, de celle du père Ventura, si nous parcourons toutes les philosophies antiques, nous ne trouverons jamais la moindre hésitation : 1º sur l'existence des esprits ; 2º sur leur nature mixte, que dans notre langage moderne et matérialiste, nous aurions peut-être la hardiesse d'appeler pneumo-gazéiforme. Alors c'étaient les *âmes aériennes* de Varron : « Ces « âmes, dit-il, qui sont vues, non par les yeux, « mais par l'esprit et sont appelées héros, larves, et « génies (1) ». C'était le *genus aereum* de Platon, « ce règne de *démons* ou *d'animaux aériens*, qui, « bien que tout auprès de nous, ne nous apparais- « sent jamais ouvertement (2) ». Ce sont encore les *âmes volantes* de Philon « dont l'air est rem- « pli, dit-il, quoiqu'elles soient *invisibles pour* « *nous* (3) ». Vous le voyez, Messieurs, Plutarque, Pythagore, les néo-platoniciens, et l'éclectisme alexandrin tout entier, partagent exactement la même doctrine (4) ».

---

(1) VARRON. — Liv. XVI.

(2) PLATON. — *Op cit.* t. IX.

(3) *Académies des inscriptions*, t. II, p. 5.

(4) De MIRVILLE. — *Des esprits et de leurs manifestations fluidiques*, p. 444 et suiv.

Ces philosophes admettaient comme nous l'existence de bons et de mauvais anges ou démons, qu'ils appelaient, sans jamais oublier leur essence vraiment spirituelle : *électricités, puissances pneumatiques, forces dynamiques, énergies*, etc., et cette sorte d'assimilation technique avec les forces matérielles qu'ils ne laissaient pas que de connaître, fait observer M. de Mirville, ne paraissait inspirer alors aucune espèce de scrupule aux plus rigides et aux plus savants docteurs de l'Eglise. Absence absolue de controverse à ce sujet, au moins pendant les trois premiers siècles ; personne ne discute, et chacun semble regarder l'opinion qu'il émet, comme l'opinion générale. Pour eux, c'était la tradition ; *antiquissimi et doctissimi theologi*, disaient-ils ; nos plus anciens et nos plus savants docteurs (1). » (V. le Père Petau).

Citons, à l'appui de la thèse que nous venons d'exposer, en peu de mots, avec M. de Mirville, les diverses opinions émises par les Pères et les Docteurs. »

Origène attribue aux Esprits une sorte de vapeur, *aura*, le mot *immatériel* étant, dit-il, *absolument inusité, inconnu*.

Tertullien les assimile à l'âme humaine, à laquelle il assigne une certaine *corporéité*.

Saint Hilaire est beaucoup plus explicite. Voici comment il s'exprime : « Il n'y a rien dans les substances et dans la création, soit dans le ciel,

(1) DE MERVILLE. — *Ibid.*

soit sur la terre, soit parmi les choses visibles, soit parmi les *invisibles*, qui ne soit *corporel*. Même les âmes, poursuit-il, soit pendant la vie, soit après la mort, conservent quelque substance corporelle, parce qu'il est nécessaire que tout ce qui est créé *soit dans quelque chose* (1).

Saint Justin, saint Césaire, Cassien, Minutius Félix, Fulgence, Arnobe et saint Ephrem sont du même avis.

Saint Ambroise est aussi affirmatif qu'il est possible de l'être. Il veut que l'on réserve pour la Sainte-Trinité TOUTE SEULE, l'expression IMMATÉRIELLE, ἀσώματον, RIEN dans tous les êtres créés, dit-il, n'étant complètement immatériel (2). »

« Quant à saint Augustin, qui revient sans cesse sur ce sujet, il l'explore dans toutes ses profondeurs, il ne modifie jamais son opinion, et Suarez fait remarquer avec raison que (3), rappelant, dans son livre des *Rétractations*, les corps éthérés et lumineux qu'il donne aux anges, et les corps plus épais qu'il accorde aux démons, CETTE FOIS IL N'E RÉTRACTE RIEN, *non retractat*. C'est cependant un Père de ce même IVᵉ siècle, à partir duquel, dit-on, *tous* les Pères professent l'immatérialité absolue. Saint Augustin ! quelle exception ! S'il avait eu de véritables contradicteurs, en eût-il donc été ainsi ? Comment n'en eût-il pas fait mention (4) ? »

(1) Canon 5, *in Matth.*.

(2) Lib. II, *De* abr. cap. VIII.

(3) *De angelorum natura.*

(4) DE MIRVILLE. — *Des Esprits et de leurs manifestations fluidiques.*

Les Pères qui professent une opinion contraire, se font remarquer par leur indécision et les variations de leurs paroles.

On nous cite saint Athanase comme le défenseur le plus en vue de l'immatérialité absolue. Or, saint Jean de Thessalonique qui professait l'opinion contraire, invoquait sans cesse l'autorité de ce grand docteur. Saint Athanase a, en effet, défini l'ange un ANIMAL DOUÉ DE RAISON, *animal rationale*, définition qui semble exclure l'immatérialité telle qu'on la comprend de nos jours.

Saint Basile, sur lequel on s'appuie pour combattre les Pères des premiers siècles, dit dans son *L. du Saint-Esprit*, chap. XVI : « La substance de ces vertus célestes est un esprit aérien (*Spiritus puta est aerius*); c'est pourquoi ils sont dans un lieu, et se montrent à ceux qui en sont dignes dans l'image de leurs propres corps.

Saint Cyrille d'Alexandrie écrit, de son côté : « Dieu *seul* étant *incorporel*, lui seul ne peut être circonscrit, lorsque toutes les autres créatures peuvent l'être, parce qu'elles *sont corps*, bien que ces corps ne ressemblent pas aux nôtres (1). »

Saint Grégoire de Nazianze explique, lui aussi, ce qu'il entend par incorporéité : « Bien qu'ils ne soient pas *précisément incorporels*, on les appelle incorporels *par rapport à nous*.

Saint Bernard n'est pas moins affirmatif : « N'accordons qu'à Dieu seul, dit-il, l'*immatérialité absolue*, car il est clair que tout esprit créé a besoin d'un être matériel (*Dom. C. cant.*).

L'abbé de Vence avoue que l'Ecriture nous représente constamment les anges comme corporels, et D. Calmet fait observer que les apparitions s'expliquent bien plus facilement avec la *corporéité adhérente* qu'avec la *corporéité d'emprunt,* qui nécessiterait un miracle continu.

Avec le système de la *corporéité adhérente,* il serait également plus facile de comprendre le phénomène de la répercussion, si, d'autre part, l'âme et la matière fluidique qui lui est unie, pouvaient s'éloigner du corps avec lequel elles ne forment qu'un seul et même être, filant leur cable et revenant à leur point de départ avec la rapidité de l'éclair, ou du ressort qui se replie.

Il ne faudrait pas confondre la doctrine spirite sur la nature de l'âme avec celle que nous venons d'exposer d'après les Pères et les Docteurs des premiers siècles de l'Eglise.

D'après ces derniers, les esprits sont unis à une forme fluidique, mais ne se confondent pas avec elle. Les spirites, eux, n'admettent pas cette dualité. Allan-Kardec, le fondateur de la secte, s'est exprimé d'une façon très nette en traitant la question qui nous occupe.

Le patriarche demande à l'Esprit qui a reçu la mission de l'instruire :

« Est-il exact de dire que les esprits sont immatériels ? »

L'Esprit répond :

« Comment peut-on définir une chose quand on manque de termes de comparaison, et avec un langage insuffisant ? *Immatériel n'est pas le mot ; incorporel* serait plus exact, car tu dois bien comprendre que l'esprit étant une création doit être quelque chose ; c'est une matière quintessenciée, *mais sans analogue pour vous, et si éthérée qu'elle ne peut tomber sous vos sens.* »

Si éthérée et si quintessenciée qu'elle soit, la matière, disions-nous dans *la Religion spirite*, ne cesse pas pour cela d'être de la matière.

Les disciples d'Allan-Kardec, ceux du moins dont le nom fait autorité parmi les adeptes, professent la même doctrine que le maître à l'endroit de cette question. Voici, en effet, ce que nous lisons dans le *Spiritisme devant la science*, par M. Gabriel Delanne (1) :

« Suivant la philosophie et suivant les Esprits, l'âme est immatérielle, autrement dit, elle n'a aucun point de contact avec la matière que nous connaissons. On ne peut concevoir que l'âme ait des propriétés analogues à celles des corps de la nature, puisque la pensée qui en est l'image, l'émanation, échappe à toute mesure, à toute analyse physique ou chimique. *Mais faut-il prendre le mot* immatériel *dans son sens absolu ? Non*, car l'*immatérialité véritable serait le néant ;* mais cette âme constitue un être dont l'existence est telle que rien ici-bas ne saurait en donner une idée. »

Comme on le voit, l'auteur ne parle pas autre-

---

(1) G. Delanne. — *Le Spiritisme devant la science*, p. 243-244.

ment que le fondateur du spiritisme. L'âme est formée d'une substance qui ne ressemble en rien à celles que nous connaissons, mais elle n'est pas immatérielle pour cela car *l'immaterialité véritable serait le néant.* D'où cette conclusion que Dieu lui-même participe à la matérialité *sui generis,* des Esprits qu'il a créés ou plutôt qui émanent de lui.

Mais revenons à la répercussion.

On sait que les sorciers du moyen âge se servaient de statuettes en cire pour faire du mal à ceux qui étaient devenus l'objet de leur aversion.

La personne que le sorcier avait en vue, recevait par répercussion les blessures faites à la statuette.

On a, pendant longtemps, considéré comme une légende le pouvoir de nuire que l'ignorance du peuple attribuait aux sorciers. Et voilà que les expériences scientifiques du colonel de Rochas semblent donner raison aux croyances populaires.

« L'analogie que présente ce phénomène (de l'extériorisation) avec les histoires de personnes qu'on fait mourir à distance en blessant une figure de cire modelée à leur image, écrit le colonel, était évidente. J'essayai, si la cire ne jouirait pas, comme l'eau, de la propriété d'emmagasiner la sensibilité, et je reconnus qu'elle la possédait à un haut degré, ainsi que d'autres substances grasses, visqueuses ou veloutées, comme le cold-cream et le velours de laine. Une petite statuette, confectionnée avec de la cire à modeler et sensibilisée par un séjour de quelques instants en face et à une petite distance du sujet reproduisit les sensations, les piqûres dont je

la perçais, vers le haut du corps si je piquais la
statuette à la tête, vers le bas, si je la piquais aux
pieds (C'est-à-dire que la piqûre était ressentie
d'une manière plus ou moins vague dans les régions
qui avaient envoyé le plus directement leurs effluves). Cependant, je parvins à localiser exactement la sensation, en implantant, comme les anciens sorciers, dans la tête de ma figurine, une
mèche de cheveux coupée à la nuque du sujet pendant son sommeil. C'est là l'expérience dont notre
collaborateur du *Cosmos* a été le témoin et même
l'auteur ; il avait emporté la statuette ainsi préparée
derrière les casiers d'un bureau, où nous ne pou-
vions le voir, ni le sujet, ni moi. Je réveillai
Mme L..., qui, sans quitter sa place, se met à causer
avec lui jusqu'au moment où, se retournant
brusquement et portant la main derrière sa tête,
elle demanda en riant qui lui tirait les cheveux ;
c'était l'instant précis où M. X..., avait, à mon
insu, tiré les cheveux de la statuette.

« Les effluves paraissant se réfracter d'une façon
analogue à la lumière, qui peut-être les entraîne
avec elle, je pensai que si l'on projetait, à l'aide
d'une lentille, sur une couche visqueuse, l'image
d'une personne suffisamment extériorisée, on par-
viendrait à localiser exactement les sensations
transmises de l'image à la personne. Une plaque
chargée de gélatino-bromure, et un appareil photographique m'ont permis de réaliser facilement
l'expérience, qui ne réussit d'une façon complète
que lorsque j'eus soin de charger la plaque de la

sensibilité du sujet *avant* de la placer dans l'appareil. Mais en opérant ainsi, j'obtins un portrait tel, que si le magnétiseur touchait un point quelconque de la figure ou des mains sur la couche de gélatino-bromure, le sujet en ressentait l'impression au point exactement correspondant; et cela non seulement immédiatement après l'opération, mais encore trois jours après, lorsque le portrait eut été fixé et rapporté près du sujet. Celui-ci paraît n'avoir rien senti pendant l'opération du fixage, faite loin de lui, et il sentait également fort peu quand on touchait, au lieu du gélatino-bromure, la plaque de verre qui lui servait de support. Voulant pousser l'expérience aussi loin que possible, et profitant de ce qu'un médecin se trouvait présent, je piquai violemment, sans prévenir et par deux fois, avec une épingle, l'image de la main droite de Mme L..., qui poussa un cri de douleur et perdit un instant connaissance. Quand elle revint à elle, nous remarquâmes sur le dos de la main deux raies rouges *sous-cutanées* qu'elle n'avait pas auparavant, et qui correspondaient exactement aux deux écorchures que mon épingle avait faites en glissant sur la couche gélatineuse (1). »

L'envoûtement, que les sceptiques se sont plu à railler d'une façon plus ou moins spirituelle, a maintenant sa place marquée dans le domaine des réalités tangibles. Sans s'en douter, les sorciers du moyen âge se servaient, avec le concours du colla-

(1) DE ROCHAS. — *L'Initiation*, 17e vol., n° 2, novembre 1892.

borateur qu'ils appelaient à leur aide, pour nuire à ceux qu'ils avaient en vue, d'une loi naturelle d'eux ignorée, mais parfaitement connue de ce dernier.

Cette loi, dont nous devons la découverte au colonel de Rochas, nous réserve probablement de nouvelles surprises. Les expériences se poursuivront, et un moment viendra où les faits de répercussion nous paraîtront chose aussi simple que le phonographe, le téléphone et l'éclairage électrique.

Dans les histoires d'envoûtement, nous voyons que l'envoûteur ne pouvait exercer sa puissance que contre ceux qu'il avait touchés ou dont il avait eu entre les mains, soit des cheveux, soit des vêtements ou autres objets leur ayant appartenu. De même dans les expériences que nous venons de rapporter, le colonel de Rochas avait eu soin de charger la plaque de la sensibilité du sujet endormi, avant de la placer dans l'appareil photographique.

Citons encore deux faits à l'appui de cette dernière observation. Nous les empruntons à Glanvil, un auteur anglais qu'on ne saurait accuser de crédulité, et qui, par une de ces contradictions dont fourmillent les œuvres de certains écrivains, accusait « les inquisiteurs papistes, et autres chasseurs de sorcières d'avoir fait un grand mal et d'avoir mis à mort bien des innocents sous couleur de sortilèges ».

« Un jeune fils de Henri Jones, raconte-t-il, le petit Richard, fut un jour *touché* par une femme du nom de Jane Brooks. Passant ses doigts du haut en bas de l'un des deux côtés de l'enfant, Jane, après lui avoir amicalement serré la main, lui fit présent d'une pomme. Il s'empressa de la cuire et de la manger. A l'instant même il tomba malade, et le mal devint menaçant. Or, un certain dimanche que l'enfant, tourmenté du mal étrange qui s'était emparé de son corps, était gardé par son père et par un témoin du nom de Gibson, il se mit à crier tout à coup, vers midi : Voilà Jane Brooks !... — Jane Brrooks ! Mais où donc ? — Là, sur le mur ; là voyez-vous ? au bout de mon doigt.

« Car cette sorcière, ainsi que celle qui va figurer dans la narration suivante, semblait entrer dans l'appartement, de même qu'elle paraissait en sortir, en passant à travers la muraille ! Personne, il faut bien le dire, ne distinguait ce que le petit Richard prétendait voir. Il avait donc la fièvre ! Il rêvait !... Gibson, néanmoins, s'élançant sur la place indiquée par l'enfant, y porta vivement un coup de couteau. — O mon père ! Gibson a fait une entaille à la main de Jane ; elle est tout en sang. — Que croire, que faire ? En deux pas, en un clin d'œil, le père de Richard et Gibson sont à la porte du constable. Le constable est un de ces hommes assez rares, et dont nos académies auraient le plus grand intérêt à se recruter, qui savent prêter l'oreille aux gens de sens rassis, quelque bizarre et singulière que leur parole puisse sembler être. Il leur prête donc une oreille vraiment magistrale, c'est-à-dire qu'aucune prévention n'obstrue, et sur-le-champ il les accompagne au domicile de l'accusée. On s'y introduit brusquement. Jane, assise sur un tabouret, tient une de ses mains posée sur l'autre. — Comment vous en va, la mère ? lui dit le constable. — Pas trop bien, Monsieur. — Et pourquoi donc l'une de vos mains si fort occupée de couvrir l'autre ? — Oh ! c'est là ma pose. — Souffrez-vous de cette main, par hasard ? — Mais non, nullement. — Vous y avez quelque mal, bien sûr; laissez-moi donc y regarder ? — Et comme la vieille s'en défendant, le constable la tirant avec vivacité, découvre cette main *toute sanglante*. On la voit telle que l'enfant vient de la décrire. — C'est une grande épingle de toilette qui m'a si terriblement déchirée, s'écria la vieille... Mais il fut avéré, d'ailleurs, qu'une foule de semblables méfaits, commis par cette misérable femme, s'étaient passés sous l'œil de nombreux témoins. Jane, traduite aux assises de Charde, y fut condamnée le 26 mars 1658, et ce fut l'époque où cessèrent les molestations éprouvées par le petit Richard... MM. Rob, Hunt et John Cary, juges de paix, devant lesquels Jane avait comparu, affirmèrent avoir vu de leurs yeux une partie des phénomènes sur lesquels l'accusation prenait sa base. Et l'on sait quelle est, en Angleterre, la haute position sociale de ces magistrats. Il va sans dire que tous les témoins avaient déposé sous la foi du serment. C'était alors quelque chose (1). »

(1) GLANVIL. — Pag. 121, 125, 2ᵉ partie, emprunté aux *Phénomènes de la haute magie*, de M. Gouguenot des Mousséaux.

Voici un second fait tiré du même auteur :

« Une autre femme, du nom de Juliane Cox, atteignait sa soixante-dixième année ; et, comme elle frappait, un certain jour, en mendiante, à la porte d'une maison, une servante qui la reçut lui fit un disgracieux accueil. — Bien, bien, mon enfant ! très bien ; avant ce soir, tu te repentiras ! — Et la nuit survenait à peine que la servante se tordait dans les plus affreuses convulsions. Aussitôt qu'elle se sentit remise, elle appela de tous cris au secours, implorant avec instances les gens de la maison. — Voyez ! voyez cette vilaine mendiante qui me poursuit !... Et, de son doigt tendu, la pauvre servante prétendait montrer la maudite vieille que nul œil que le sien ne parvenait à découvrir !... Elle est donc hallucinée, maniaque, hystérique, quoi de plus clair ! Qu'elle nous laisse en paix. Voilà ce que répétaient autour d'elle, dans la cuisine, les philosophes en jupon qui l'entouraient ; et les molestations de suivre leur cours. Mais, un beau matin, notre servante, parfaitement certaine de voir revenir à la charge sa persécutrice, conçoit le dessein de s'armer d'un coutelas.

« Le fantôme de Juliane Cox, accompagné du spectre d'un nègre, ne tarde guère, en effet, à renouveler sa visite, et tous deux à la fois pressent la servante de boire une potion que la brave fille refuse obstinément de porter à ses lèvres. Loin de là, car saisissant aussitôt son coutelas, elle en frappe à l'improviste son ennemie ; et, devant les témoins qui voient briller cette lame, son lit se trouve à l'instant même arrosé de sang. — C'est à la jambe que le fantôme a reçu le coup; allons-y voir, s'écrie-t-elle ; et, sur le champ, elle se dirige, bien accompagnée, vers la maison de Juliane. Il s'agit de vérifier la blessure ! On arrive, on frappe à la porte ; mais on y frapperait longtemps encore, si l'on n'eût pris le parti de l'enfoncer. On pénètre donc chez Juliane de vive force. Vite, vite, que dit la jambe ? La jambe, tout fraîchement blessée, vient, il y a quelques minutes à peine, de recevoir un pansement. Et les lèvres d'une plaie ont souvent un indiscret et terrible langage ! On en approche donc le coutelas de la servante. Que dire ? La blessure s'adapte, aussi exactement qu'elle doit le faire, aux dimensions de cette lame. Le coup porté contre le spectre de la mendiante, dans une maison où tant de bons yeux qui pouvaient la voir ne la voyaient point, s'est donc répercuté sur cette femme dans un lieu qui n'est point celui de l'apparition. Cependant, les choses se sont passées de telle sorte, que la blessure, qui semble avoir rebondi de son fantôme sur sa personne, est visible et palpable *pour tout le monde.*

« Les obsessions auxquelles était en butte la pauvre servante ne cessèrent, néanmoins, que le jour de l'arrestation de Juliane Cox, qui fut jugée et condamnée (1). »

Nous bornons là nos citations. Il serait difficile,

---

(1) GLANVIL. — *Ibid.*

après ce qu'on vient de lire, de révoquer en doute le phénomène de la répercussion. Mais comment l'expliquer ? Jusqu'ici, on s'est borné à émettre des hypothèses plus ou moins acceptables. Inutile, dès lors, de les passer en revue. Contentons-nous d'ajouter qu'à ce problème et à celui de l'envoûtement, dont le colonel de Rochas a prouvé scientifiquement la possibilité, s'en joint un autre tout aussi ardu, celui de la bilocation.

.*.

La répercussion suppose la bilocation, mais une bilocation d'un genre particulier. Dans la plupart des cas de répercussion, le fantôme humain demeure invisible. Il arrive parfois, cependant, qu'il se montre à la personne molestée, comme à Cideville, par exemple, et dans les deux cas cités par Glanvil.

Contrairement à l'opinion de certains occultistes, l'âme ne se sépare pas du corps dans la bilocation. « Quitter son corps pour y revenir, dit avec raison Gougenot des Mousseaux, ainsi qu'on sort de sa maison pour y rentrer, ne serait-ce point, en effet, pour l'âme humaine, opérer le miracle que Jésus-Christ, dans sa toute-puissance, et afin de faire éclater sa divinité, n'accomplit

qu'une seule et unique fois en sortant victorieux
du tombeau (1) ? ».

Ne pourrait-on pas admettre, « sous bénéfice
d'inventaire, se demande le même écrivain, que
l'âme, servie par le génie (ange ou démon) qui la
gouverne, peut sembler agir à longue distance en
relâchant le lien par lequel ce génie lui est
attaché ?... Remarquons, d'ailleurs, que, lorsque
la personne humaine file et dévide ce câble fluidi-
forme, le corps tombe dans la plus profonde tor-
peur de l'état magnétique (2) ».

Cette dernière observation s'applique rarement
aux cas de bilocation dus à l'intervention du surnaturel divin. Elle est de règle, au contraire, dans
les cas de bilocation diabolique.

« Hiérôme Cardan a laissé par écrit, lisons-nous
dans la *Démonomanie des Sorciers*, qu'il était par
extase *ravi hors du corps quand il voulait*, sans
qu'il demeurât aucun sentiment au corps. » Nous
pourrions encore, ajoute l'auteur que nous citons,
rapporter l'histoire d'une sorcière qui se frotta de
graisse, puis tomba pâmée sans aucun sentiment,
et trois heures après *retourna en son corps*, disant
merveilles de plusieurs pays, qui furent avisées (3). »

Olaüs Magnus, que nous avons déjà cité, et qui
figura parmi les plus savants théologiens du Con-

---

(1) GOUGENOT DES MOUSSEAUX. — *Les hauts phénomènes de
la magie*.

(2) *Les hauts phénomènes de la magie*.

(3) BODIN. — *La Démonomanie des sorciers*.

cile de Trente, nous raconte ceci : « Lorsque les Bothniens veulent savoir dans quel état se trouve un de leurs amis ou de leurs ennemis, fût-il à cinq cents milles, ils ont recours à quelque Finlandais, à quelque Lapon, et le rémunèrent en lui donnant une arme, un vêtement, une bagatelle. Accompagné d'une seule personne, cet homme s'enferme, et vous le voyez, armant sa main d'un marteau, frapper d'un nombre de coups sacramentels, soit une grenouille, soit *un serpent* d'airain placé sur une enclume. Il tourne, il retourne cet objet, et marmote ses formules d'enchantement, jusqu'à ce que tout à coup renversé, tombant dans je ne sais quelle sorte d'extase, le voilà comme frappé de mort! Oh! que son compagnon s'attache aussitôt à le veiller d'un œil diligent et jaloux; car la vie ne tient plus à ce corps que par un fil ! Qu'il le veille, et qu'il se garde bien de le laisser toucher par un être vivant, fût-ce par une mouche, un moucheron. C'est là, du reste, le moment critique où, grâce à la puissance du charme, son esprit, conduit par un démon, s'occupe à écouter et à voir, puis à s'emparer d'un signe, *d'un gage*, d'un anneau, de je ne sais quel objet *faisant foi* de son excursion lointaine. Bientôt, cependant, l'âme messagère rentre au corps de l'extatique, qui revient à lui ; vous l'entendez alors nommer à celui qui le paye l'objet *qu'il rapporte* en témoignage, et relater les circonstances de sa pérégrination aérienne (1). »

(1) *De gentibus septentrionalibus.*

4

Bodin raconte un fait du même genre : A Nantes, en 1549, écrit-il, sept sorciers qui furent alors jugés et condamnés dirent en présence des magistrats qu'ils rapporteraient, dedans une heure, ce qui se ferait dix lieues à la ronde. Ils tombèrent tous pasmés et demeurèrent environ trois heures. Puis ils se relevèrent et rapportèrent ce qu'ils avaient vu en toute la ville de Nantes, et plus loing alentour, ayant remarqué les lieux, les actions, les personnes. *Et tout, sur le champ, fut avéré.* On pourrait dire, peut-être, que l'âme n'est point ravie, et que ce n'est qu'une vision et une illusion que le diable moyenne. Dans ce cas, où l'âme intellectuelle quitte le corps, l'*âme végétative, vitale et animale demeure encore,* bien que les sens, mouvement et raison soient déliés. »

On s'est demandé si le transport aérien des sorciers se rendant au sabbat ne serait pas un pur effet de l'imagination. Bodin ne le croit pas et cite plusieurs faits à l'appui de son opinion.

M. de Lancre, qui fut tout à la fois un écrivain remarquable et un magistrat aussi intègre que distingué, écrivait à propos de cette question : « Il n'y a homme si hébété qui ne sache qu'en ce que les sorcières confessent, il n'y ait bien souvent de l'illusion ! Mais aussi qu'en tout ce qu'on les accuse et qu'elles confessent, il n'y ait rien qu'illusion, que prestige et que songe sans réalité, c'est chose contre la vérite, contre l'évidence notoire, contre l'expérience. »

Görres partage en trois classes les faits de bilocation :

1º Quelquefois, dit-il, l'homme est emporté avec impétuosité dans un lieu éloigné, et c'est alors le système moteur qui concourt d'une manière spéciale à la production des faits de cet ordre.

2º Dans les faits de seconde classe, l'homme, restant à sa place, est conduit en esprit au loin, y fait ce que Dieu veut qu'il fasse — si l'opération n'a pas un caractère diabolique — et rapporte avec soi certains signes extérieurs qui attestent sa présence aux lieux que son esprit a visités.

3º Dans les faits de troisième classe, l'homme restant à sa place, et y étant vu par les autres, *est vu ailleurs en même temps*, et y agit d'une manière effective et réelle ; or, cette bilocation participe à la nature de la vision.

La bilocation, quelle que soit la classe à laquelle elle appartienne, est due tantôt à l'action divine, tantôt à une intervention satanique, tantôt à une cause purement naturelle que l'on ne parviendra probablement jamais à déterminer.

Faisons observer, en passant, que la première classe dont parle Görres, se confond tantôt avec les deux autres et tantôt avec la translation aérienne, comme le prouvent deux exemples qu'il cite.

Cette division, d'ailleurs, est sans utilité.

Il importe, avant tout, de savoir qu'elle est la cause efficiente de la bilocation.

Les cas cités par Bodin et Olaüs Magnus sont évidemment diaboliques.

En voici deux qui appartiennent sans conteste à l'ordre divin :

Saint Alphonse de Liguori venait d'offrir le saint Sacrifice de la messe. Triste, silencieux, il se jette dans un fauteuil, et un sommeil profond s'empare de lui. Les diverses fonctions de la vie semblent suspendues. Il reste pendant un jour et une nuit dans cet état d'immobilité, sans que les personnes de son entourage osent troubler son repos. Le lendemain matin, sa sonnette retentit. On accourt auprès de lui. Il paraît étonné de se voir entouré de tant de monde ; on lui apprend alors que, depuis bientôt deux jours, il semblait ne donner aucun signe de vie : Ah ! c'est vrai, réplique-t-il ; mais vous ne savez pas que je suis allé assister le Pape qui vient de mourir !

Le mot se répand dans Sainte-Agathe. On s'informe et on apprend que Clément XIV avait, en effet, rendu le dernier soupir le 22 septembre 1774, à sept heures du matin, juste au moment précis où Alphonse de Liguori était revenu à lui.

« Clément XIV, écrit Novaës, l'historien des Papes, a cessé de vivre le 22 septembre, à sept heures du matin, assisté des généraux des Augustins et des Dominicains, des Observantins et des Conventuels; et, ce qui intéresse encore davantage, assisté *miraculeusement* par le bienheureux Alphonse de Liguori, *quoique éloigné de corps*, suivant que le relatent les procès juridiques du susdit bienheureux, approuvés par la sacrée congrégation des rites.

Un fait de bilocation encore plus saisissant, nous est rapporté par le P. Bouhours, dans son histoire de saint François Xavier. Ajoutons que ce fait et plusieurs autres figurent dans le procès de canonisation de l'apôtre des Indes et ont été l'objet d'un examen scrupuleusement juridique.

En 1571, François Xavier quittait le Japon pour se rendre en Chine. Le navire sur lequel il s'était embarqué fut assailli par une violente tempête. Le désespoir était grand parmi les passagers ; et les membres de l'équipage, habitués cependant aux dangers de la mer, se considéraient comme voués à une mort certaine. Un moment vint où le navire coulait à fond. Le saint, à genoux, adressa à Dieu une prière fervente, et le péril fut conjuré.

Quinze hommes de l'équipage, se dévouant, se jetèrent dans la chaloupe et tentèrent de l'amarrer au navire. Mais un coup de vent d'une violence extrême emporta la frêle embarcation.

Leurs compagnons n'espéraient plus les revoir. Cependant Xavier priait le Sauveur, lui demandant, au nom des cinq plaies qu'il avait reçues sur la croix, d'apaiser la fureur des vents et de rendre à ceux qui restaient près de lui sur le vaisseau et aux quinze matelots abandonnés dans la chaloupe, le calme et la confiance. « Prenez courage, mes amis, disait-il, avant trois jours, la fille rejoindra sa mère. »

On attendit ; mais la chaloupe ne reparaissait pas. Vainement l'œil des vigies sondait l'espace. Rien ne se montrait, si ce n'est le moutonnement des vagues se brisant les unes contre les autres.

Le Saint redoubla de ferveur dans sa prière. Puis, se relevant tout à coup, il prononça ces paroles rassurantes sur un ton qui excluait toute espèce de doute : « Courage, vous allez les revoir tous les quinze, ils sont sauvés ! » La nuit se passa dans une attente anxieuse et, le lendemain rien encore n'apparaissait.

L'inquiétude gagnait de nouveau l'équipage, qui se demandait s'il n'y avait pas imprudence à s'attarder plus longtemps, au risque de courir de nouveaux dangers. Le Saint supplia le capitaine, au nom de Jésus-Christ mort pour nous, de prendre patience encore un peu de temps, et s'enfermant dans sa cabine, il passa de nouvelles heures à prier. Bientôt, la chaloupe reparut à l'horizon. On remarqua, fait observer l'historien, que, malgré l'agitation de la mer, elle arrivait droit sur le navire sans être secouée, *sans céder ou participer au mouvement qui se manifestait autour d'elle*. Puis, s'étant arrêtée d'elle-même, les quinze hommes purent remonter à bord.

« Le pilote, s'imaginant que la chaloupe était vide, se mit en devoir dè la manœuvrer. — Mais le Saint ? Qu'est devenu le Saint ? Il n'a point remis pied à bord. — Voyez dans la chaloupe il y est resté, s'écriaient à l'envi ceux qui venaient d'en sortir.

« Les gens du vaisseau, cependant, de s'entredire : Il faut, en vérité, que nos compagnons rêvent ! Mais vainement cherchaient-ils soit à dé-

sabuser ceux-ci, soit à les comprendre, sachant
tous à bord que Xavier ne s'était point éloigné du
navire un seul instant. Que répondre donc à ces
entêtés de la chaloupe, jurant à qui mieux mieux,
par tous leurs sens, que, du matin au soir et du
soir au matin de ces trois jours de séparation mor-
telle, Xavier n'avait cessé d'être présent au milieu
d'eux. Non, non, reprenaient-ils de concert, nous
n'avons craint ni de périr, ni de nous égarer, malgré l'horreur de la tempête, car le Père était notre
pilote.

« On ne finit par se comprendre qu'en mettant
dans l'accord qui leur est si naturel la raison avec
la foi, fait observer Gougenot des Mousseaux.
C'est-à-dire qu'il devint manifeste pour tout le
monde que, de l'un des deux côtés, chaloupe ou
navire, un ange de Dieu avait, trois jours durant,
revêtu la forme de François... Tel est, dans ses
bienfaisants effets, le phénomène angélique de la
bilocation que Dieu permet également aux démons
de réaliser dans leurs tristes et redoutables rap-
ports avec les hommes (1). »

L'explication donnée par l'auteur que nous citons résoudrait le problème à la satisfaction de
ceux qui savent mettre d'accord la raison avec la
foi, si tous les faits de bilocation avaient un caractère de surnaturel divin ou d'intervention diabolique, nettement accusé. Mais, il n'en est pas tou-

(1) GOUGENOT DES MOUSSEAUX. — *Les hauts phénomènes de la magie.*

jours ainsi. Il faut alors chercher une autre solution, sous peine de faire intervenir le surnaturel à tout propos, sinon hors de propos.

A l'appui de notre dire, nous allons reproduire deux cas de bilocation que nous empruntons à M. Gougenot des Mousseaux lui-même :

« Un officier de l'armée anglaise, écrit-il, ayant pris son congé dans l'intention de revenir des Grandes-Indes, en l'année 1830, tenait la mer depuis une quinzaine de jours, lorsque, abordant le capitaine, il lui dit : « Vous avez donc à bord un inconnu que vous cachez ? Mais vous plaisantez ? — Non, je l'ai vu, parfaitement vu ; mais il ne reparaît plus. — Que voulez-vous dire ? expliquez-vous. — Soit. J'étais sur le point de me coucher, lorsque je vis un étranger s'introduire dans le salon, y faire sa ronde, aller de cabine en cabine, les ouvrir et les quitter en faisant de la tête un signe négatif. Ayant écarté le rideau de la mienne, il y regarda, me vit, et je n'étais point celui qu'il cherchait ; il s'éloigna doucement et disparut. — Bah ! mais enfin quels étaient le costume, l'âge, le signalement de votre inconnu ? — L'officier le décrivit avec une minutieuse exactitude. — Ah ! Dieu me garde ! s'écria le capitaine, si ce que vous racontez n'était absurde, ce serait mon père, ce ne pourrait être un autre !... » Et la traversée s'accomplit. Puis le capitaine revint en Angleterre, où il apprit que son père avait cessé de vivre, et que la date de sa mort se trouvait *postérieure* au jour de l'apparition ; mais que, ce jour même, et à l'heure de l'apparition, étant malade, il avait eu le délire. Or, les personnes de la famille qui l'avaient veillé dirent au P. Pelgrave, mon narrateur : Dans son transport, il s'écriait : — D'où pensez-vous que je revienne ? Eh bien, j'ai traversé la mer ; je viens de visiter le vaisseau de mon fils, j'ai fait le tour des cabines, je les ai toutes ouvertes, et je ne l'ai vu dans aucune (1). »

Il nous semble difficile, sinon impossible, d'admettre l'intervention soit d'un ange, soit d'un démon dans le fait qu'on vient de lire.

« En 1845, existait en Livonie le pensionnat de Neuwelcke, à douze lieues de Riga et une demi-lieue de Wolmar. Là se trouvaient quarante-deux pensionnaires, la plupart de familles nobles, et, parmi les sous-maîtresses, figurait Emilie Sagée, Française d'origine, âgée de 32 ans, de bonne santé, mais nerveuse, et de conduite méritant tous éloges.

« Peu de semaines après son arrivée, on remarqua que quand une pensionnaire disait l'avoir vue dans un endroit, souvent une autre affirmait qu'elle était à une place différente. Un jour, les jeunes filles virent tout à coup deux Emilie Sagée *exactetemant semblables*, et faisant les mêmes gestes ; l'une cependant, tenant à la main un crayon de craie, *et l'autre non.*

« Peu de temps après, Antonie de Wrangel faisant sa toilette, Emilie lui agrafa sa robe par der-

---

(1) GOUGENOT DES MOUSSEAUX. — *Ibid.*

rière ; la jeune fille vit dans un miroir, en se retournant, deux Emilie agrafant ses vêtements et
s'évanouit de peur.

« Quelquefois, aux repas, la double figure paraissait *debout*, derrière la chaise de la sous-maîtresse, et imitait les mouvements qu'elle faisait
pour manger ; mais ses mains *ne tenaient ni couteau ni fourchette*. — Cette *substance* dédoublée
ne semblait imiter qu'*accidentellement* la personne
réelle ; et, quelquefois, lorsque Emilie se levait de
sa chaise, l'être dédoublé paraissait y être assis !

« Une fois, Emilie souffrante et alitée, Mlle de
Wrangel lui faisait lecture. Tout à coup la sous-
maîtresse devint raide, pâle, et parut près de s'éva-
nouir. La jeune élève lui demandant si elle se
trouvait mal, elle répondit négativement, mais
d'une voix faible. Quelques secondes après,
Mlle de Wrangel vit très distinctement le double
d'Emilie se promener çà et là dans l'appartement.

« Mais voici le plus remarquable exemple de
bicorporéité que l'on ait observé chez la mer-
veilleuse sous-maîtresse : Un jour, les quarante-
deux pensionnaires brodaient dans une même
salle, au rez-de-chaussée, et quatre portes vitrées
de cette salle donnaient sur le jardin. Elles
voyaient dans ce jardin Emilie cueillant des fleurs,
lorsque tout à coup sa figure parut installée dans
un fauteuil devenu vacant. Les pensionnaires re-
gardèrent immédiatement dans le jardin, et conti-
nuèrent d'y voir Emilie ; mais elles observèrent la
lenteur de sa locomotion et son air de souffrance ;

elle était comme assoupie et épuisée... Deux des plus hardies s'approchèrent du double, et essayèrent de le toucher ; elles sentirent une légère résistance, qu'elles comparèrent à celle de quelque objet en mousseline ou en crêpe. L'une d'elles *passa au travers* d'une partie de la figure ; et, après que la pensionnaire eut passé, l'apparence *resta la même quelques instants encore,* puis disparut enfin, mais graduellement... Ce phénomène se reproduisit de différentes manières aussi longtemps qu'Emilie occupa son emploi, c'est-à-dire de 1845 à 1846, pendant le laps d'une année et demie ; mais il y eut des intermittences d'une à plusieurs semaines. On remarqua d'ailleurs que plus le double était distinct et d'une apparence matérielle, plus la personne réellement matérielle était gênée, souffrante et languissante ; lorsque, au contraire, l'apparence du double s'affaiblissait, on voyait la patiente reprendre ses forces. Emilie, du reste, n'avait aucune conscience de ce dédoublement et ne l'apprenait que par ouï-dire. Jamais elle n'a vu ce double ; jamais elle n'a soupçonné l'état dans lequel il la jetait... Ce phénomène ayant inquiété les parents, ceux-ci rappelèrent leurs enfants et l'institution s'écroula. »

Ce fait a été attesté par sir Robert Dale Owen, embassadeur des Etats-Unis à Naples.

*
* *

Quelles sont les conclusions à tirer de cette étude ?

Les voici en quelques mots :

1º Dans tous les temps et chez tous les peuples, on a cru à la sorcellerie et constaté que certains personnages jouissaient d'un pouvoir mystérieux dont ils se servaient pour nuire à leurs semblables.

2º Partout et à toutes les époques, on a vu se produire des faits plus ou moins fréquents de bilocation et de répercussion.

3º Les expériences répétées du colonel de Rochas nous ont révélé, semble-t-il, l'existence d'une loi ignorée jusqu'ici et dont le démon se servirait, dans certaines circonstances, par le ministère des sorciers et des magiciens.

4º L'existence de cette loi suppose logiquement celle de la *corporéité adhérente*. La forme fluidique à laquelle l'âme serait unie, au dire de quelques écrivains, dont l'opinion n'est pas condamnée, jouerait un rôle indiscutable dans les faits de bilocation et de répercussion, ainsi que dans le transport aérien des sorciers et des sorcières se rendant au sabat, en supposant que les scènes sabatiques aient une réalité objective et ne soient pas dues aux rêves d'une imagination surchauffée.

Rappelons, en passant, que lors du procès de Mohra, l'une des affaires les plus authentiques et

les plus curieuses de la sorcellerie, les habitants
de cette ville affirmèrent que le démon les trans-
portait réellement.

Mais êtes-vous bien éveillés, leur demandait-on,
lorsque vous êtes transportés ?

Oui, bien éveillés, répondaient-ils, et quelquefois le démon met à notre place quelque chose
qui nous ressemble.

Ainsi, d'après cette déclaration, le corps serait
transporté magiquement, tandis que le faux corps
ou fantôme du sorcier et de la sorcière resterait à
domicile.

Il serait, dès lors, facile de comprendre que le
vrai corps emporte les blessures qu'il a reçue, et
que, lorsqu'on va à domicile vérifier le fait, on le
trouve dans l'état où il était au moment de son
retour.

Quelques accusés de Mohra, une femme entre
autres, déclarèrent que, parfois, le démon n'em-
portait que *leur force*, laissant en place leur corps
plongé dans une sorte de sommeil cataleptique.

Dans certaines circonstances, le démon se fait
le collaborateur actif du sorcier.

Au presbytère de Cideville, par exemple, le
berger Thorel, dont l'enfant molesté voyait le fantôme, ne pouvait qu'elle que fût sa force et son
adresse, mettre en mouvement tout le mobilier de
l'abbé Tinel, faisant passer des meubles très lourds
par la fenêtre et les faisant rentrer par la porte, etc.
D'autre part, les réponses d'une précision éton-
nante que l'invisible fit aux questions multipliées

de M. de Mirville et du vicaire de Saint-Roch émanaient évidemment d'un autre que de Thorel.

Trouvera-t-on jamais l'explication scientifique des phénomènes que nous avons passés en revue ? nous ne le pensons pas.

L'Eglise nous permet de chercher. La seule chose qu'elle exige de nous, c'est que nous ne perdions jamais de vue ses enseignements.

Mettons-nous surtout en garde contre les théories du spiritisme, nous souvenant qu'elles aboutissent logiquement à la négation de la spiritualité de l'âme humaine et aux rêveries panthéistiques des peuples orientaux.

Nous ne parlons pas de l'évocation des morts que Dieu a toujours frappés de ses anathèmes. Cette question est étrangère à notre sujet. Disons seulement que le Démon se substitue aux âmes que le spirite interroge et trouve ainsi le moyen de saper hypocritement les Vérités de la foi. Nous ne comprenons pas que des catholiques instruits et certains prêtres s'exposent sottement à tomber dans ses pièges.

FIN

TABLE DES MATIÈRES

FIN DE LA TABLE

Imp. DESTENAY, Bussière frères. — Saint-Amand (Cher).

11 Paris 29

1014